バスに揺られ

# 自力で邯鄲

**Tabisuru CHINA 008**

鉄道と路線バスでゆく邯鄲と古代中国

Asia City Guide Production

## 【白地図】邯鄲への道

CHINA
邯鄲

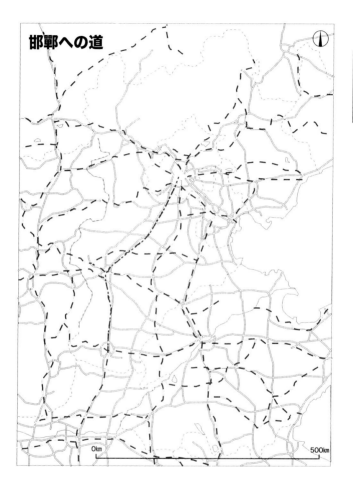

## 【白地図】北京市街

## 【白地図】北京西駅

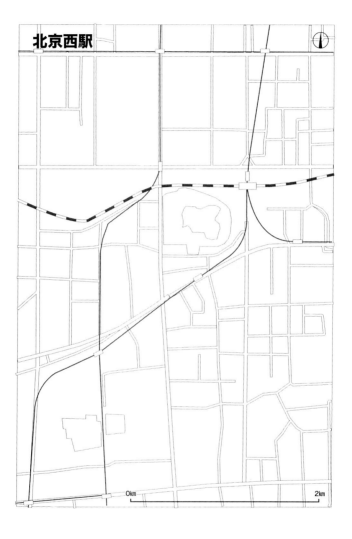

## 【白地図】邯鄲五大エリア

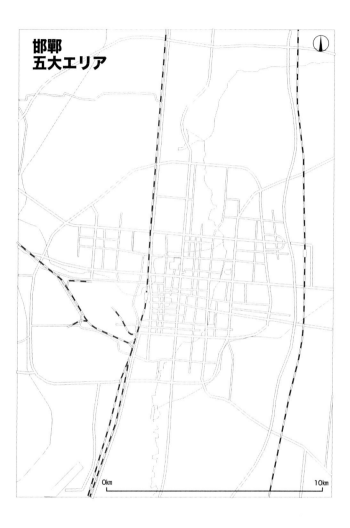

## 【白地図】街歩きの楽しいエリア

**CHINA**
邯鄲

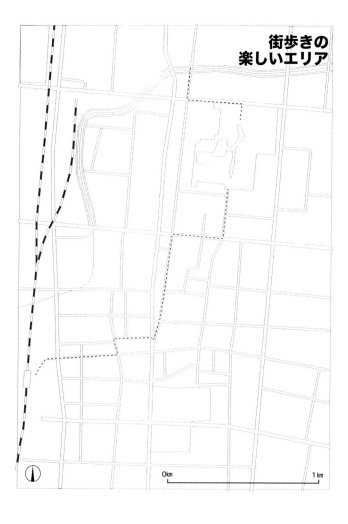

## 【白地図】邯鄲主要バス路線図

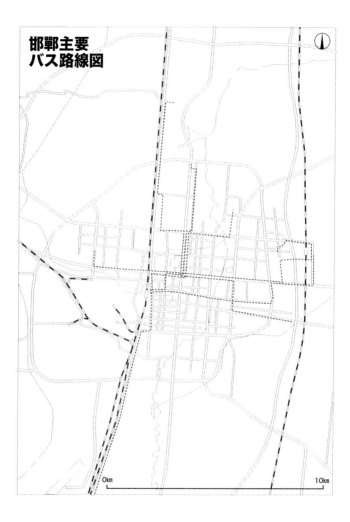

## 【白地図】街歩きの起点叢台公園

CHINA
邯鄲

# 街歩きの起点
## 叢台公園

Handan | 白地図

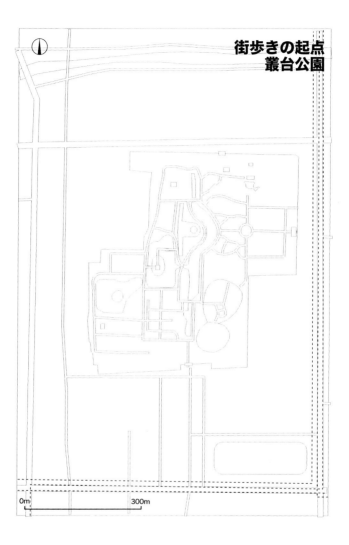

## 【白地図】響堂山石窟への道

CHINA
邯鄲

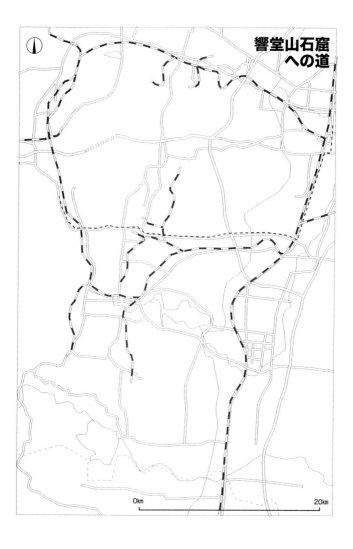

【旅するチャイナ】
001 バスに揺られて「自力で長城」
002 バスに揺られて「自力で石家荘」
003 バスに揺られて「自力で承徳」
004 船に揺られて「自力で普陀山」
005 バスに揺られて「自力で天台山」
006 バスに揺られて「自力で秦皇島」
007 バスに揺られて「自力で張家口」
**008 バスに揺られて「自力で邯鄲」**
009 バスに揺られて「自力で保定」
010 バスに揺られて「自力で清東陵」

CHINA
邯鄲

---

邯鄲(「カ・ン・タ・ン」)。日本人なら誰もが知ると言ってもよいこの響き。「邯鄲の夢」や「邯鄲の美女」「戦国趙の都」など、邯鄲は憧憬とともに語られてきました。ところで、少し邯鄲を調べて驚いたのですが、邯鄲は1949年に中華人民共和国が成立したとき、人口わずか3万人ほどの小さな街だったと言うのです。

司馬遷『史記』に描かれた春秋戦国時代、猛威をふるう始皇帝の「秦」に対して、「趙」は廉頗や藺相如、李牧といった人物を輩出。そして、「趙の都」邯鄲の人口は、20世紀初頭

# バスに揺られて
# 自力で邯鄲
## Tabisuru CHINA 008

の邯鄲の人口より多かった、と伝えられています。

　後漢（25〜220年）以来、この街は衰亡し、20世紀以後、2000年経ってよみがえったという経緯をもちます。邯鄲が復活した最大の原因は、鉄や石炭などが近くで産出され、主要鉄道が通ったことだとか。さて、何はともあれ、中国史2500年をさかのぼる邯鄲へ、みなさまをいざないたいと思います。

**【自力旅游中国】**

# Tabisuru CHINA 008 自力で邯鄲

## 目次

自力で邯鄲 …………………………………………………xviii

邯鄲夢の世界への旅路…………………………………xxii

北京から邯鄲にゆこう…………………………………xxx

各地から邯鄲への道のり……………………………xxxvii

邯鄲市街歩いてみよう…………………………………li

邯鄲で路線バスに乗ろう………………………………lxvi

邯鄲郊外へ出かけよう ………………………………lxxxvii

あとがき……………………………………………………civ

## 【MEMO】

# 邯鄲夢への旅路

CHINA
邯鄲

邯鄲の夢、趙の都、そしてこの街から
名前がとられた「鳴く虫の女王」こと邯鄲
さまざまな分野でその名を今に伝えます

**邯鄲ってどんなところ？**

まず邯鄲についてのカンタンな説明をします。邯鄲は日本でも人気の高い春秋戦国時代の後半部（戦国時代）に「趙の都」として栄えた経緯をもちます。紀元前4～前3世紀のことです。戦国七雄と呼ばれるそれぞれの国の都のうち、「秦」咸陽、「斉」臨淄という東西の軸、「魏」大梁、「燕」薊、「韓」鄭、「楚」郢の南北の軸が交わる十字路にあたったため、邯鄲は戦国時代でも最大の繁栄を見せたのです。戦国趙と言えば、廉頗、藺相如、李牧などの政治家や名将、また『完璧』『刎頸の交わり』『邯鄲学歩』などの故事でも知られますよね。中国戦

Handan 邯鄲夢の世界への旅路

国ファンならば生唾ものの都市なのです。

## 邯鄲の夢

もうひとつ邯鄲の魅力についてお話します。邯鄲と言えば、「邯鄲の夢」が知られています。貧しい青年の盧生が邯鄲の宿屋で、呂翁（仙人）から差し出された枕で眠って、その夢のなかで皇帝に仕える官吏になり、栄華をきわめます。いざ大往生。という段になって、目覚めてみると、邯鄲の宿で呂翁がそばにいて、「頼んだ黄粱も炊きあがっていなかった」という話です（そのため「黄粱一炊の夢」とも言います）。

**CHINA**
邯鄲

日本の漫画などでもしばしば見られる、最終回、「実はすべて夢だった」という夢オチに多大なる影響をあたえたと推測される「邯鄲の夢」。その舞台の街としても知られるのです。

### 邯鄲ってどこにあるの？

邯鄲は河北省南部に位置します。昔「中原」と呼ばれた地域にあたり、黄河が流れる北側に位置します。現在、河北省、山東省、河南省が交わるあたりです。北京と広州の南北を結ぶ京広鉄路が走る交通の要衝で、殷墟のある安陽までもすぐ。そして、北へ続く道は石家荘、保定、北京へと伸びていきま

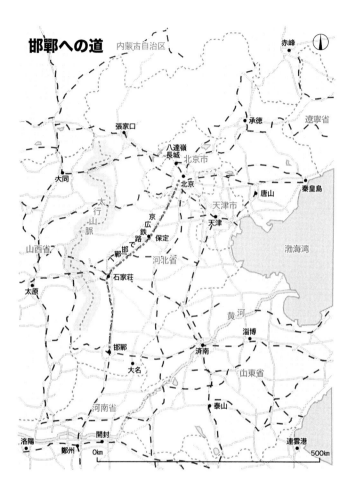

**CHINA**
邯鄲

す。隋唐以来、この河北省南部の土地は、邯鄲南東部に位置する大名に行政府がおかれてきました。大名が発展したのは、何と言っても隋の煬帝による京杭大運河（永済渠）が大名の地を通ったからのようですが、ずいぶん時代をくだって、大運河に代わる鉄道が邯鄲を通ったことで、再び、邯鄲が河北省南部の中心へと盛り返したのです。

**カンタン（邯鄲）はハンダン（邯郸）**

中国語では、邯鄲と書いて「ハンダン（邯郸 hán dān)」と読みます。北京を「ベイジン（北京 běi jīng)」と読むのと一

▲左　叢台公園、邯鄲の中心はここ。　▲右　80年の人生を終えようとする盧生、しかしそれはすべて夢だった

緒で、日本語読みと違うのですね。むしろ「上海（シャンハイ）」や「香港（ホンコン）」のように、日本語読みと現地音が同じというほうが「例外」なのはみなさまよくご存知でしょう。行く街の名前「邯鄲（ハンダン）」は、現地音で憶えておいたほうが何かと便利ですので、一応、記しておきます。さあ「ハンダン（邯鄲 hán dān)」へ向かいましょう！！

# 我想去邯郸

[見せる中国語]
wǒ xiǎng qù hán dān
ウォシィアンチュウ・ハァンダァン
私は邯鄲に行きたい

# 我想坐
# 高铁去邯郸

[見せる中国語]
wǒ xiǎng zuò gāo tiě qù hán dān
ウォシィアンズゥオ・ガオティエ・
チュウハァンダァン
私は「中国版新幹線（高鉄）」
で邯鄲に行きたい

# 北京から邯鄲にゆこう

CHINA
邯鄲

邯鄲は河北省南部の街
北京から一直線で着いちゃいます
まずは北京西駅へ向かいましょう

**北京西駅へゆこう**

邯鄲への道は、北京を起点にすることが一般的でしょう。北京西駅が邯鄲への足がかりになります。天安門広場と故宮を中心に北京市街東西を結ぶ「地鉄1号線」に乗って軍事博物館まで行き、そこから地鉄9号線に乗り換えてひと駅です。駅に着いたら「售票処（切符売り場）」を探しましょう。大きな看板が出ているのでわかりやすいと思います。北京から邯鄲まで、高鉄（中国版新幹線）で2～2時間半程度、普通の鉄道で4～5時間、バスで6時間程度の距離となります。またバスで邯鄲に向かう場合も、北京西駅近くの六里橋バス

Handan 北京から邯鄲にゆこう

ターミナル(六里橋長途汽車駅)が起点となります。ほかにも永定門バスターミナル(永定門長途汽車駅)など、いくつかのバスターミナルから邯鄲行きのバスが出ているようです。

[DATA] 北京から高鉄(中国版新幹線)で邯鄲へ

・北京西駅〜邯鄲東駅
・1時間に数本(早朝から深夜)
・所要2〜2時間半程度
・200〜350元

CHINA
邯鄲

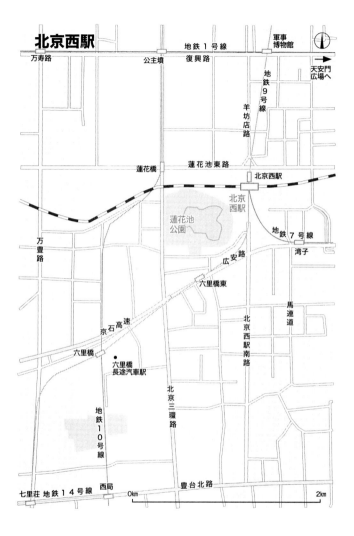

Handan　北京から邯鄲にゆこう

**CHINA**
邯鄲

### ［DATA］北京から鉄道で邯鄲へ

・北京西駅〜邯鄲駅

・1時間に1本程度（早朝から深夜）

・所要4〜5時間程度

・65〜200元（列車の等級によって異なる）

Handan 北京から邯鄲にゆこう

## ［DATA］北京からバスで邯鄲へ

・北京バスターミナル〜邯鄲バスターミナル

・六里橋バスターミナル(六里橋長途汽車駅)、永定門バスターミナル（永定門長途汽車駅）などいくつかのバスターミナルから出ている

・2〜3時間に1本（朝8時半〜夜22時半）

・所要6時間程度

・110〜120元

# 各地から
# 邯鄲への
# 道のり

河北省の石家荘、山東省の済南
河南省の鄭州、邯鄲を中心に同心円上に
これらの大都市が位置します

**北京〜邯鄲路線があるということは**

邯鄲は北京と広州を結ぶ京広鉄路の路線沿いに位置し、北京、「河北省の省都」石家荘、「古都」保定はその路線沿いに位置します。同様に邯鄲南の「河南省の省都」鄭州、「湖北省の省都」武漢も、中国最大の大動脈と言える京広鉄路沿いの街です。ということは邯鄲とこれら南北の街とのアクセスは悪くない、むしろ「とてもよい」と言えます。日本でたとえるなら、邯鄲は東海道線上にある小さな街と言ったところでしょうか？ そのため、北京、保定、石家荘からのアクセスはスイスイといった感じでしょう。その際、気をつけてい

**CHINA**
邯鄲

ただきたいのですが、一口に京広鉄路と言っても、清朝時代から敷かれていた鉄道と、新たに敷かれた「中国版新幹線（高鉄）」では邯鄲で停まる駅が違います。普通の鉄道は、街に近い「邯鄲駅」、中国版新幹線（高鉄）は邯鄲の東郊外に位置する「邯鄲東駅」に停まります。また邯鄲バスターミナルは邯鄲駅のすぐそばにあります。以上のことを踏まえて邯鄲に向かいましょう。

## Handan 各地から邯鄲への道のり

### 今回の旅程

さて、このレポートは、実際に歩いてこの目で見たものと、駅で調べたもの、および伝聞情報から構成されます。邯鄲を調査したときは、北京、天津、河北省をくるくるくるくる周りながら旅したものです。そして、邯鄲へは張家口からの夜行列車に乗りました。張家口を夜に出て早朝に邯鄲に着くという絶好の列車でした。ぐっすり眠って朝起きたら「邯鄲」。そして列車のコンパートメントでも、「邯鄲梦（邯鄲の夢）」「非常有名的（とても有名）」などとつたない中国語で話していたのを憶えています。そして、こうした「『邯鄲の夢』は

# CHINA
邯鄲

日本でも有名だよ」と自分話をするとき、中国人の相手へのメンツの立てかたは本当に素晴らしい、といつも思うのです（聞き上手？？）。邯鄲では路線バスとタクシーを駆使して市街地と郊外を調査し、そこから石家荘へ向かいました。以上が今回の旅程になります。天津や張家口など、邯鄲から少し離れた街からなら夜行列車もあります。逆に4～5時間というのは旅でもっとも時間をロスする移動距離になってしまいます。そのため、近場なら鉄道＆バス、北京からなら2～2時間半で着く「中国版新幹線（高鉄）」、邯鄲まで微妙な距離なら思い切って夜行。そんな選択肢が考えられそうです。

Handan 各地から邯鄲への道のり

▲左　新興工業都市という一面ももつ。　▲右　街の表玄関の邯鄲駅にて

## ［DATA］鉄道で邯鄲〜石家荘

・邯鄲駅〜石家荘駅

・早朝から深夜（1時間に数本）

・所要2〜2時間半程度

## ［DATA］高鉄（中国版新幹線）で邯鄲〜石家荘

・邯鄲東駅〜石家荘駅

・早朝から深夜（1時間に数本）

・所要1時間程度

### [DATA] バスで邯鄲～石家荘

・邯鄲（北）バスターミナル～石家荘バスターミナル（総合バスターミナルと南バスターミナル）

・朝6時～夕方18時30分（20分に1本程度）

・所要2時間半程度


### [DATA] バスで邯鄲～保定

・邯鄲（北）バスターミナル～保定バスターミナル

・朝8時～夕方17時35分（1時間に1本程度）

・所要4時間半程度

Handan

各地から邯鄲への道のり

### ［DATA］バスで邯鄲〜安陽

・邯鄲バスターミナル〜安陽バスターミナル

・朝5時半〜夕方19時（10分に1本程度）

・所要1〜1時間半程度

### ［DATA］バスで邯鄲〜鄭州

・邯鄲バスターミナル〜鄭州バスターミナル（駅前、総合など複数あり）

・朝6時40分〜夕方18時10分（1時間に1本程度）

・所要4時間程度

**CHINA**
邯鄲

### ［DATA］バスで邯鄲〜済南

・邯鄲バスターミナル〜済南バスターミナル（広場、西ターミナルなど複数あり）
・朝6時10分〜夕方18時半（1時間に1本程度）
・所要4時間〜5時間程度


### ［DATA］バスで邯鄲〜太原

・邯鄲バスターミナル〜太原バスターミナル（複数あり）
・朝6時40分〜夕方16時20分（1時間半に1本程度）
・所要4〜5時間程度

▲左　瑠璃色の獅子。　▲右　邯鄲駅のすぐそばに位置する邯鄲バスターミナル

## 調査情報と公式情報の違い

邯鄲を調査した時点では、邯鄲から石家荘、保定といった北方面へのバスは、邯鄲北バスターミナル（北站）から出ていました。邯鄲には邯鄲駅前の「邯鄲バスターミナル」「邯鄲北バスターミナル」「邯鄲東バスターミナル」があります。「邯鄲バスターミナル」は昔ながらのバスターミナルでごちゃごちゃ、ごみごみしている感じ。「邯鄲北バスターミナル」は新しくできた整然とした感じのバスターミナル。そして街の東側にある「邯鄲東バスターミナル」です。2015年4月時点、公式ページである「邯鄲旅游网」には、邯鄲バスターミナル

(邯鄲西客站）が石家荘や保定へのアクセス拠点と記されていますが、邯鄲から東方面は東バスターミナル、北方面は北バスターミナル、と分類されているようです（念のため現地でご確認ください）。実際に邯鄲〜石家荘間で乗ったバスは邯鄲市街北の北バスターミナルからだったことを記しておきます。

**【いま邯鄲北バスターミナル（北站）［アクセス情報］】**

→つぎ邯鄲駅（1路、3路）

→つぎ叢台公園（1路）

→つぎ邯鄲東駅（1路で叢台公園、歩いて市二招で21路に乗り換え）

→つぎ黄梁夢(街道まで出て17路、かタクシー。距離5km程度)

# ［見せる中国語］華北の街その1

**北京** běi jīng
ベイジン

**天津** tiān jīn
ティエンジィン

**石家庄** shí jiā zhuāng
シイジィアチュゥオン

**保定** bǎo dìng
バオディン

**张家口（張家口）** zhāng jiā kǒu
チャンジイアコウ

**河北省** hé běi shěng
ハアベイシェン

# [見せる中国語] 華北の街その２

**安阳**
安陽 ān yáng
アンヤン

**郑州**
鄭州 zhèng zhōu
チェンチョウ

**济南**
済南 jǐ nán
ジイナァン

**太原**
太原 tài yuán
タァイユゥエン

**河南省**
河南省
hé nán shěng
ハアナァンシェン

**山西省**
山西省
shān xī shěng
シャンシイシェン

**【MEMO】**

# 邯鄲市街
# 歩いて
# みよう

路線バスと街歩き
使いわけて
邯鄲を楽しみましょう

**邯鄲五大エリア**

鉄道とバスターミナルのある「邯鄲駅」、中国版新幹線高鉄の駅と新市街（開発区）のある「邯鄲東駅」、また武霊叢台、邯鄲市博物館、学歩橋など邯鄲市街の中心にあたる「叢台公園」、邯鄲北郊外に位置する「黄粱夢（邯鄲の夢）」、市街からは少し離れているけどバスで行ける「趙王城遺跡」を邯鄲五大エリアとします。もちろん、邯鄲にはこのほかにも魅力的な観光地がたくさんありますが、まずはこの五大エリアを路線バスでまわれば、邯鄲で絶対にはずせない場所は制覇できます。

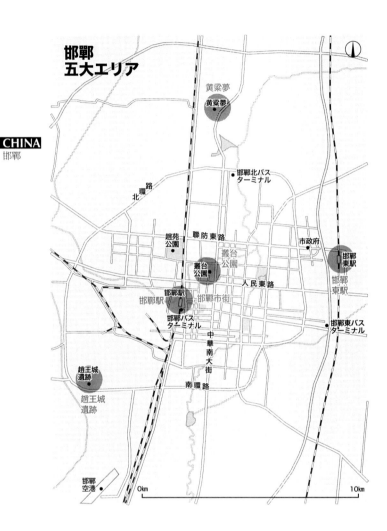

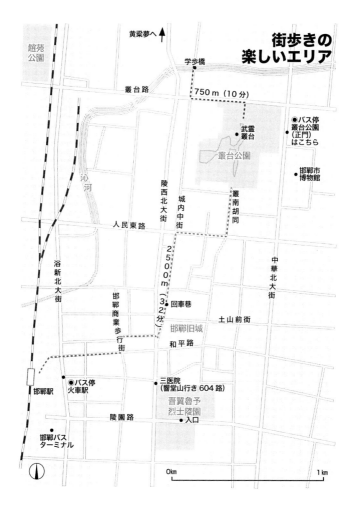

**CHINA**
邯鄲

**邯鄲歩こう！！**

戦国「趙の都」として知られた邯鄲。趙の王宮のあった場所が趙王城遺跡で、人びとの暮らした王郎城（大北城）は今の邯鄲市街の地下に眠っています。そんな邯鄲ですが、路線バスに乗る前に「街歩きの楽しいエリア」をご紹介します。邯鄲駅から叢台公園まで歩いてみましょう。邯鄲駅から東に「和平路」へ足を進めます。このあたりが趙の都の中心だったそうです。そこから北におれて「邯鄲商業歩行街」をのぞきましょう。露店や商店がならんでいます。そこからまたすぐ東に向かいます。すぐに廉頗と藺相如の刎頸の交わりで知られ

▲左　学歩橋、ここから北京へ向かって街道が伸びていた。　▲右　邯鄲人の憩いの場となっている叢台公園

る「回車巷」に着くでしょう。回車巷から「城内中街」を北に向かいましょう。ここは明清時代「南北大街」と呼ばれていた邯鄲旧城の中心だったところです。さてしばらく進むと東西の大通りが見えます。人民東路です。バスや車の往来も激しいです。人民東路を東側に進むと、まもなく邯鄲の中心「叢台公園」へ着きます。叢台公園は現在、市民憩いの場となっていますが、古くはあの「胡服騎射（北方民族の戦術を中国に導入した）」で知られる武霊王が閲兵を行なった場所だと言います。

邯鄲

**学歩橋も忘れちゃいけません**

さて「叢台公園」すぐ近くを流れる沁河にかかる「学歩橋」も有名です。「学歩」とは昔むかし、燕の国の若者が「邯鄲の洗練された歩きかた」を学ぶために、この大都会にやってきたものの、若者は邯鄲の歩きかたどころか、もともとの歩きかたも忘れて、故郷に「はいつくばりながら帰った」というものです。『荘子』秋水篇に掲載されたこの故事を『邯鄲学歩』と言います。「学歩橋」界隈には邯鄲市民の集まる庶民的な店もとても多いので、小休止にもってこい。もちろん渡るのは無料です。「叢台公園」から「学歩橋」あたりが邯

▲左　街では自動二輪車が多く行き交う。　▲右　藺相如と廉頗、刎頸の交わり

鄲市街のハイライトになるでしょう。

## 中国の古いことわざ

せっかく邯鄲に来たのならぜひとも知っておきたい邯鄲ゆかりの故事をご案内します。まず普段何気に使っている「完璧」という言葉。戦国時代、邯鄲の趙の王さまに献上された当代最高の「璧」に対して、強国である秦の王さまが「城15」との交換をもちかけます。趙の使者として秦を訪れた藺相如は「交換の約束」を守る気配のない秦の様子を見て、ひそかに「璧」をもち帰り、両国の仲も見事にとりなす。「璧を完

**CHINA**
邯鄲

(まっと)うする」という行ないから、『完璧』という言葉が生まれました。ところで、この藺相如に対して、よからぬ想いを抱いた人がいます。「なぜ口先だけの藺相如が、武人の自分よりも地位が上なのか」と考えた武人の廉頗です。そんな廉頗を藺相如は避け続けます。あるとき「なぜそこまで廉頗を恐れるのか？」と尋ねられた藺相如は「強国である秦が趙を攻められないのは自分（藺相如）と廉頗がいるため」「仲違いするとそれこそ秦の思うつぼ」と答えます。それを聞いた廉頗は「回車巷」の藺相如のもとへ行き、上半身裸で自らの浅はかさを謝罪したと言います。このふたりの仲を『刎頸

Handan 邯鄲市街歩いてみよう

の交わり』と呼び、現代日本でもしばしば使われる言葉となっています。

# 我想去邯郸火车站

[見せる中国語]
wǒ xiǎng qù hán dān huǒ chē zhàn
ウォシィアンチュウ・ハァンダァン・
フオヂヤアヂャン
私は邯鄲鉄道駅へ行きたい

# 我想去邯郸东站（高铁站）

[見せる中国語]
wǒ xiǎng qù hán dān dōng zhàn
ウォシィアンチュウ・
ハァンダァンドォンヂャン
私は邯鄲東駅へ行きたい

# 我想去丛台公园

[見せる中国語]
wǒ xiǎng qù cóng tái gōng yuán
ウォシィアンチュウ・
ツォンタァイゴンユゥエン
私は叢台公園へ行きたい

# 我想去黄粱梦

[見せる中国語]
wǒ xiǎng qù huáng liáng mèng
ウォシィアンチュウ・
フゥアンリィアンマァン
私は黄粱夢へ行きたい

# 我想去赵王城遗址

[見せる中国語]
wǒ xiǎng qù zhào wáng chéng yí zhǐ
ウォシィアンチュウ・
チャオワァンチャンイイチイ
私は趙王城遺跡へ行きたい

# 我想去客运北站

[見せる中国語]
wǒ xiǎng qù kè yùn běi zhàn
ウォシィアンチュウ
カアユンベイヂャン
私は邯鄲北バスターミナルへ行きたい

# 邯鄲で路線バスに乗ろう

CHINA
邯鄲

邯鄲のバスは1〜2元から
とっても安くて便利
邯鄲市民の足を利用しましょう

**路線バスに乗ろう**

邯鄲でも路線バスが張りめぐらされていて、とくに黄粱夢など郊外にある遺跡へのアクセスで絶大な力を発揮します。路線バスはひとのり1〜2元程度から。ただし51路や604路など長距離を走る場合は値段も変わってくるようです。また邯鄲にも中国版Suica「一卡通」があるようでしたが、滞在日数が少なかったため、すべて現金で支払って旅しました。邯鄲で非常に困るのは、響堂山石窟などやや遠目の郊外にも魅力的な観光地があるところです。そのため、邯鄲郊外への旅はのちほど、タクシーチャーターでまわった話として紹介

Handan 邯鄲で路線バスに乗ろう

したいと思います。

## まずは叢台公園を目指そう

邯鄲のまわりかたのコツとしては、まず街を歩いてみるのがよいと思います。邯鄲駅から叢台公園。そして、学歩橋をぶらぶら（あるいは高鉄の着く邯鄲東駅からならまず21路で叢台公園）。そこから17路に乗って黄粱夢。17路をオススメするのは、叢台公園から17路に乗れば終点が黄粱夢だからです。中国語の達人でない限り、ある特定のバス停で降りるというのはなかなか難しいもの。17路に乗れば着いた先

**CHINA**
邯鄲

が黄粱夢なのでとてもラクチンなのです。

### バス停の表記を確認する

旅なれた人には言わずもがなですが、路線バスは1路なら邯鄲鉄道駅（火车站）〜劉二荘（刘二庄）のあいだを走っています。ということは、「邯鄲鉄道駅（火车站）行きのバス」と、「劉二荘（刘二庄）行きのバス」があるということです。「のぼり」と「くだり」です。バスに乗るにあたって、自分の行きたい場所とその表記を必ず確かめておくことが必要になります。

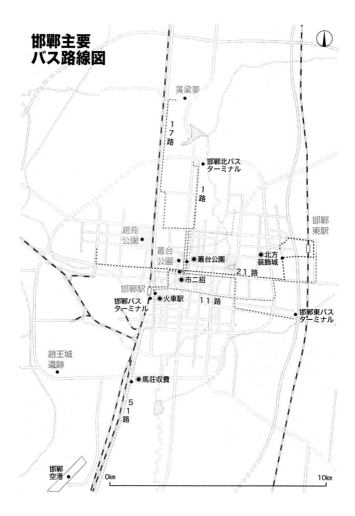

**【MEMO】**

CHINA
邯郸

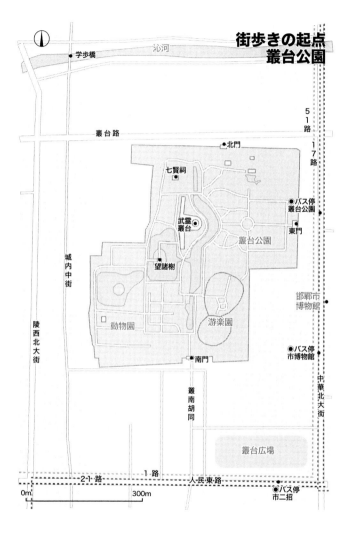

[DATA] **邯鄲駅** 邯郸火车站
**hán dān huǒ chē zhà** ハァンダァンフオヂヤアヂャン

・見どころ（歩いて晋冀魯予烈士陵園、回車巷）

・邯鄲駅、邯鄲バスターミナルなどアクセスの拠点

・荷物預かり所あり


[DATA] **邯鄲東駅** 邯郸东站
**hán dān dōng zhàn** ハァンダァンドォンヂャン

・見どころ（邯鄲東駅、新市街こと開発区）

・邯鄲東駅は中国版新幹線（高鉄）の駅

[DATA] 叢台公園 丛台公园
cóng tái gōng yuán ツォンタァイゴンユゥエン

・見どころ（武霊叢台、近くに邯鄲市博物館と学歩橋も）

・邯鄲市街の中心部 THE 邯鄲

・叢台公園は無料。武霊叢台と七賢祠あわせて 4 元

・朝 5 時〜夜 21 時（冬は朝 5 時半〜夕方 18 時）

[DATA] **黄粱夢** 黄粱梦
**huáng liáng mèng フゥアンリィアンマァン**

・見どころ（邯鄲古観、広済宮）

・「邯鄲の夢」の舞台となった場所

・20元

・朝8時〜夕方17時半

・邯鄲市街から17路に乗って終点

・また黄粱夢真向かいにある広済宮は、ド派手でとてもファンキーな道教寺院。入場料2元

▲左 黄粱夢、唐代の小説に由来する。 ▲右 邯鄲駅近くの晋冀魯予烈士陵園にて

## [DATA] 趙王城遺跡 赵王城遗址
### zhào wáng chéng yí zhǐ チャオワァンチャンイイチイ

・見どころ（趙王城遺跡公園）

・戦国「趙の都」がおかれていた場所、遺跡の西隣が遺跡公園として整備されている

・趙王城遺跡公園は最寄りの51路馬荘収費駅から3.5km。そのためタクシーチャーターがおすすめ

・無料（のざらし）

**CHINA**
邯鄲

**【いま邯鄲駅［アクセス情報］】**

→つぎ邯鄲東駅（11 路）

→つぎ叢台公園（1 路、3 路、38 路）

→つぎ黄梁夢（70 路、ただし終点ではない）

→つぎ趙王城遺跡（タクシーチャーターか、51 路で馬荘収費駅。そこから 3.5 km）

・邯鄲バスターミナルと同位置

**【いま邯鄲東（高鉄）駅［アクセス情報］】**

→つぎ邯鄲駅（11 路）

→つぎ叢台公園（21路で市二招）

→つぎ黄梁夢（21路で市二招、そこから歩いて叢台公園で17路に乗り換え）

→つぎ趙王城遺跡（タクシーチャーター、21路で市二招そこから51路で馬荘収費駅。さらに3.5 km）

**【いま叢台公園［アクセス情報］】**

→つぎ邯鄲駅（1路、3路、38路）

→つぎ邯鄲東駅（市二招から21路）

→つぎ黄梁夢（17路）

**CHINA**
邯鄲

→つぎ趙王城遺跡（タクシーチャーターか、51路で馬荘収費駅。そこから 3.5 ㎞）

**【いま黄梁夢［アクセス情報］】**
→つぎ邯鄲駅（70路）
→つぎ邯鄲東駅（17路で叢台公園か市博物館、歩いて市二招から21路）
→つぎ叢台公園（17路）
→つぎ趙王城遺跡（17路で叢台公園、51路に乗り換えて馬荘収費駅。そこから 3.5 ㎞）

▲左 路線バスの集まる邯鄲駅。 ▲右 邯鄲北バスターミナルは近郊の街とのバスが発着する

## 【いま趙王城遺跡［アクセス情報］】

→つぎ邯鄲駅（馬荘収費駅から51路）

→つぎ邯鄲東駅（馬荘収費駅から51路で邯鄲駅、そこから11路）

→つぎ叢台公園（馬荘収費駅から51路）

→つぎ黄粱夢（馬荘収費駅から51路で叢台公園、そこから17路）

※趙王城遺跡は最寄りの51路の馬荘収費駅から3.5km。タクシーおすすめ

**CHINA**
邯鄲

## ［DATA］路線バス 1 路

・【邯鄲鉄道駅（火车站）～劉二荘（刘二庄）】
・朝 6 時半～夜 20 時（冬は朝 7 時～夜 20 時半）
・10 分程度間隔
・邯鄲駅と邯鄲北バスターミナルを結ぶ
・劉二荘（刘二庄）［北バスターミナルこと北站］－劉二荘村南（刘二庄村南）－電機廠（电机厂）－電業汽修廠（电业汽修厂）－豊収路口（丰收路口）－新興鋼模板廠（新兴钢模板厂）－質量検測中心（质量检测中心）－建元小区（建元小区）－熱力公司（热力公司）－聯紡旅館（联纺旅馆）－望嶺

路口（望岭路口）－漢光中学（汉光中学）－建工小学（建工小学）－叢台路小学（丛台路小学）－青年影院（青年影院）－●叢台公園（丛台公园）－市政府（市政府）－市二招（市二招）－華隆商場（华隆商场）－趙都商場、麗都金店（赵都商场、丽都金店）－康徳（康德）－邯山商場（邯山商场）－●邯鄲鉄道駅（火车站）

［DATA］路線バス 17 路

・【新東客站（新东客站）～黄粱夢、呂仙祠（黄粱梦、吕仙祠）】

・朝 6 時 20 分～夕方 18 時半（冬は朝 6 時 40 分～夜 19 時）

・10 分間隔

・街の中心（叢台公園）から終点の黄粱夢へ走る便利な路線

・新東客站（新东客站）－邯鄲制薬有限公司（邯郸制药有限公司）－東環路口（东环路口）－雪馳集団（雪驰集团）－県政府（县政府）－県一中、県医院（县一中、县医院）－三竜針紡城（三龙针纺城）－明珠広場（明珠广场）－東方購物広場（东方购物广场）－滏東美食林（滏东美食林）－中柳林（中

柳林)－城建小区（城建小区）－市人大（市人大）－市教育局（市教育局）－国際飯店（国际饭店）－人民路光明街口（人民路光明街口）－市委（市委）－新世紀（新世纪）－市政府（市政府）－●叢台公園（丛台公园）－聯紡五交化（联纺五交化）－中華街青年路口（中华街青年路口）－竇荘村（窦庄村）－永平裏小区（永平里小区）－第一財経学校（第一财经学校）－市党校（市党校）－北関影院（北关影院）－常謝荘（常谢庄）－警校（警校）－叢中（丛中）－無縫鋼管廠（无缝钢管厂）－呂仙祠（吕仙祠）－西街路口（西街路口）－市場街口（市场街口）－●黄粱夢、呂仙祠（黄粱梦、吕仙祠）

[DATA] 路線バス 51 路

・【客車大修廠（客车大修厂）～馬選生活区（马选生活区）】
・朝 6 時半～夜 19 時 40 分(冬は朝 6 時 20 分～夜 19 時 25 分)
・10 分間隔
・客車大修廠（客车大修厂）ー科大邯鄲分院（科大邯郸分院）ー蘇曹（苏曹）ー印染廠（印染厂）ー絲紬廠（丝绸厂）ー華聯総公司（华联总公司）ー万達（万达）ー聯紡五交化（联纺五交化）ー中華街叢台路口（中华街丛台路口）ー◉叢台公園（丛台公園）ー市政府（市政府）ー市二招（市二招）ー華隆商場（华隆商场）ー市一招（市一招）ー家具城（家具城）ー◉火車站（火

车站）—冀南発市場（冀南批发市场）—内燃机廠（内燃机厂）—万隆倉五交化市場（万隆仓五交化市场）—馬荘収費站（马庄收费站）—交通学校（交通学校）—水文隊（水文队）—北張荘（北张庄）—南張荘（南张庄）—飛機場（飞机场）—北方学校（北方学校）—東城基（东城）—木鼻（木鼻）—馬頭電廠路口（马头电厂路口）—関東窪（关东洼）—馬選生活区（马选生活区）

# 邯鄲郊外へ出かけよう

邯鄲郊外には西域から伝わってきた
仏教石窟の響堂山石窟が位置します
やや長距離を走る路線バスも登場!?

### 邯鄲郊外への道

邯鄲郊外には、趙王陵、響堂山石窟、鄴城三台遺跡、西門豹祠など古代中国史を語るうえでかかせない遺構がいくつも残ります。そしてそれらはバラバラに点在しているため、路線バスでまわるのはかなりタフ。けれども行ってみたい邯鄲郊外。という旅人のためにタクシーチャーターをおすすめします。タクシーは邯鄲駅近くの邯鄲バスターミナルですぐにつかまりました。タクシーチャーターにあたっては、行く場所、おおよその時間、そして料金をしっかりと交渉しましょう。

**CHINA**
邯鄲

### しっかり交渉

中国の場合、6時間チャーターで約束して、実際、邯鄲に戻ってきたのは6時間10分後だった。となると、これはまけてはくれません（ことが多いと思います）。10分残業してくれてありがとう、とチップを渡すのが相場です。逆に、中国人ドライバーたちは、6時間約束のところをいかに5時間で終わらすのか、と自分たちにとって楽な方向、楽な方向へと常に考えをめぐらせているものです。なので、最初の交渉は「余裕をもって」「しっかりと」しておく必要があります。2時間1台100元ぐらいから交渉をはじめて、半日で1台300元、

邯鄲郊外へ出かけよう Handan

1日だと1台500元ぐらいまで行くでしょうか？　ただしすべて交渉次第なのと、邯鄲からの距離（ガソリン代）にも左右されます。

### 響堂山石窟へゆこう

さてここからは個人的な旅行記になってしまいますが、よろしければおつきあいください。この旅でどうしても行きたかった場所で、邯鄲からタクシーをチャーターして出かけたのが響堂山石窟です。響堂山石窟には、北響堂山石窟と南響堂山石窟があり、いずれも北朝の北斉（550～577年）時代

**CHINA**
邯鄲

に開削された石窟です。莫高窟（甘粛省敦煌）、雲崗石窟（山西省大同）、龍門石窟（河南省洛陽）が中国三大石窟とされます。このうち、雲崗石窟は北魏（386〜534年）前半のもので、龍門石窟は北魏中期から唐（618〜907年）代に開削されたものとなっています。石窟は仏教とともに西方(西域)から東遷していきますが、邯鄲郊外の「響堂山石窟」は年代的にも、地理的にも、雲崗（山西省大同）と龍門（河南省洛陽）の中間に位置するものだと言うのです。そしてこの中国の石窟文化が、東は法隆寺へと連なっているのは有名な話です。一方で、西は敦煌からアフガニスタンのバーミヤン、ガ

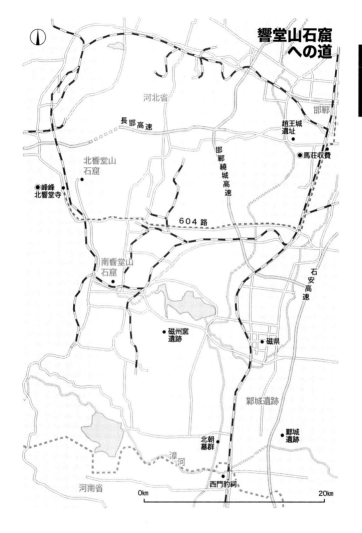

# 響堂山石窟への道

Handan 邯鄲郊外へ出かけよう

## CHINA
邯鄲

ンダーラ(パキスタン)、そしてアジャンタ(インド)へといたる石窟伝播をさかのぼる道があるということです。

### 仏教徒と響堂山石窟

邯鄲方面から高速を飛ばして、まず着いたのが北響堂山石窟です(高速代はチャーター代と別払いになります。これが結構高い)。チケットを買って、さあ山を登ろう、としたときのこと。タクシードライバーが「おおい、待て」と言っています。「なんだ?」と振り返ってみると、「オレも行く(だからオレのチケット代も払え)」というのです。これはめずら

Handan 邯鄲郊外へ出かけよう

しいケースなのですが、タクシードライバーは仏教徒で、自分も北響堂山石窟に行きたいというのです。これまで仏教徒のドライバーと一緒に巡礼するということは、天台山で同様のことがありましたが、今回のドライバーは「オレの分のチケット代もお前が支払って当然」という態度でした。何度か無視して北響堂山石窟へ登ろうとしたのですが、猛烈な勢いで、「オレも巡礼したい」「オレの分も払ってくれ」とゴネるのです。結局、無視して進んでいったところ、どうやらチケット売り場で仏教徒（もしくは作業員）として無料で入場が認められたようでした。ただし、奥にある「北洞」などは入れ

ないという条件つきだったようです。

### 地道に建築資材を運ぶ信者

北響堂山石窟は、鼓山西側の中腹に位置します。北斉時代に穿たれた石窟へは少し長めの階段が続いています（階段の途中には、占い師などが待機しています）。山麓にはレンガ（もしくは切り出された石）が山積みされていて、それを巡礼者が巡礼にあわせて上部へと運んでいくという場面も見られました。巡礼者の巡礼のたびに建築資材が鼓山上部へと運ばれていき、そして上部では運ばれてきた建築資材を使って建物

▲左　響堂山石窟、シャツをまくりあげて腹を見せる男性。　▲右　おかれた建築資材そしてドライバー

を建てるという仕組みです。タクシードライバーは熱心に何度も運んでいました。ひょっとして無料で入れたのはこのおかげでしょうか？　そして非力な自分も微力ながら、少しばかりのレンガ（もしくは切り出された石）を運ばせていただいたのでした。北響堂山石窟の北斉仏。とても見事なもので、多くの観光客が訪れていました。

### 響堂山石窟への路線バスを「発見」

現地未確認情報ながら「邯鄲旅游网」などに掲載された邯鄲市街と響堂山石窟を結ぶ路線バスがありました。604路です。

**CHINA**
邯鄲

こちらに関しては、現地調査を行なっておりませんので、くわしい事情はわかりませんが、どうやら北響堂山石窟近くまで路線が伸びているようです。一応、路線ルートを記しておきます。叢台公園、また邯鄲駅近くの三医院から路線が乗車できるようです。

[DATA] 路線バス604路
・【客車大修廠（客车大修厂）～馬選生活区（马选生活区）】
・朝7時半～夕方17時50分
・30分間隔

Handan 邯鄲郊外へ出かけよう

・邯鄲趙苑（邯郸赵苑）－第一軋鋼廠（第一轧钢厂）－二紡機（二纺机）－棉二（棉二）－棉三（棉三）－棉四（棉四）－万達（万达）－聯紡五交化（联纺五交化）－中華街叢台路口（中华街丛台路口）－●叢台公園（丛台公园）－市政府（市政府）－市二招（市二招）－華隆商場（华隆商场）－趙都商場（赵都商场）－康徳（康德）－●三医院（三医院）[邯鄲駅まで 750m]－中級法院(中级法院)－陵西小学(陵西小学)－思特利（思特利）－邯鋼生活区（邯钢生活区）－糖酒公司（糖酒公司）－肉聯廠（肉联厂）－万隆倉五交化市場（万隆仓五交化市场）－公交四公司（公交四公司）－●馬荘収費駅（马

庄收费站）—交通學校（交通学校）—北張莊（北张庄）—南張莊（南张庄）—飛機場（飞机场）—北方學校（北方学校）—馬頭電廠（马头电厂）—電廠家屬院（电厂家属院）—袁莊（袁庄）—林坦（林坦）—羊一（羊一）—通山路（通山路）—西山公園（西山公园）—峰峰賓館（峰峰宾馆）—元寶山（元宝山）—磁州窯塩店遺址（磁州窑盐店遗址）—邯峰電廠（邯峰电厂）—峰峰北響堂寺（峰峰北响堂寺）

## ［DATA］北響堂山石窟 北响堂山石窟 běi xiǎng táng shān shí kū ベイシィアンタァンシャンシイクウ

・25元

・朝8時〜夕方17時半

・タクシーチャーターか、604路で終点の峰峰北響堂寺

**CHINA**
邯鄲

### [DATA] 南響堂山石窟 南响堂山石窟
nán xiǎng táng shān shí kū
ナンシィアンタァンシャンシイクウ

・15元

・朝8時～夕方17時半

・タクシーチャーターか、604路終点の峰峰北響堂寺から10km

### 邯鄲の旅を終えて

「邯鄲の夢」や「邯鄲学歩」。誰もが知っているけど、あまり

## Handan 邯鄲郊外へ出かけよう

旅行で訪れることのない街「邯鄲」。そう思って調べていくと、戦前の日本人による邯鄲の調査がいくつも残っていました。趙王城遺跡の調査記録『邯鄲 戰國時代趙都城址の發掘』(駒井和愛・關野雄／東亜考古学会)、また北響堂山石窟および南響堂山石窟に関しては『河北磁縣・河南武安響堂山石窟 河北河南省境における北齊時代の石窟寺院』(水野清一・長廣敏雄／東方文化學院京都研究所)。邯鄲旅行ガイド制作にあたってこれらの資料がとても重宝したことを最後につけ加えておきたいと思います。

[見せる中国語]
wǒ xiǎng qù
běi xiǎng táng shān shí kū
ウォシィアンチュウ・
ベイシィアンタァンシャンシイクウ
私は北響堂山石窟へ行きたい

# 我想去
# 北响堂山
# 石窟

[見せる中国語]
wǒ xiǎng qù
nán xiǎng táng shān shí kū
ウォシィアンチュウ・
ナンシィアンタァンシャンシイクウ
私は南響堂山石窟へ行きたい
我想去
南响堂山
石窟

**CHINA**
邯鄲

**あとがき**

　2004年6月26日。私は渇いた大地がただただ続くカイバル峠にいて、これから越えるトルカム国境の前で、つばをごくりと飲みこみました。国境の先にはアフガニスタン。当時、アフガニスタン主要5都市の紹介が『Lonely Planet』にあり、それを片手に、旅行者未踏とも言える国へ足を踏み入れた瞬間でした。

　「旅行ガイドのない街にも、旅行ガイドを」。という私のとり組みはこのときからはじまり、以来、10年、アジア各地

# Handan

あとがき

を旅しながら旅行ガイド制作を続けてきました。書籍や雑誌の制作にあたっては台割と呼ばれる設計図があり、あらかじめ決められた構成のなかに情報を落としこんでいきます。しかし、そうすればつぎつぎと変貌していく街をあつかう旅行ガイドの場合、新しくできた「Aという見どころ」の情報のために、「Bという見どころ」が削られてしまうこともあるのです。

　そうしたなか、ここは旅行ガイドにはあまり記載がないけれども、絶対におすすめ。私がそう断言できる地域が、中国では河北省です。北京をぐるりと囲むこの省は、明清時代は

## CHINA
邯鄲

直隷省と呼ばれ、中国の数ある省のなかでも一段格上の扱いをされていたと言います。万里の長城が渤海に溶け込む「秦皇島」。モンゴル高原と北京を結ぶ街道の走る「張家口」と「宣化」。西太后ゆかりの遺構が残る旧直隷省の省都だった「保定」。そして古代中国で栄華をきわめた都「邯鄲」です。

　この河北省の旅行ガイドをつくろうと思い立ったのは、2008年ごろだったと思います。当時、北京五輪に向けて中国は大変な盛りあがりを見せていました。私はそのころ、黄土高原に位置する山西省を旅しながら、上海や香港とは異なる表情を見せる中国内陸部の自然や人びとの暮らしぶりに魅

あとがき

せられていたものです。それから7年が過ぎ、ようやく邯鄲の旅行ガイドがリリースできました。アクセス情報に特化した『自力旅游中国』と観光情報特化の『まちごとチャイナ』。ホームページで公開中の北京地下鉄路線図などもあわせてご利用いただき、みなさまのご意見をお待ちしています。

2015年4月9日　たきざわ旅人

mail address match.pub@gmail.com

**参考資料**

---

『中国の石窟寺』(長廣敏雄編 / 講談社)

邯鄲旅游网(中国語)http://www.handantour.com.cn/

邯鄲市公共交通总公司(中国語)http://www.hdbus.net/

オープンストリートマップ http://www.openstreetmap.org/

# まちごとパブリッシングの旅行ガイド
Machigoto INDIA , Machigoto ASIA , Machigoto CHINA

## 【北インド - まちごとインド】

001 はじめての北インド
002 はじめてのデリー
003 オールド・デリー
004 ニュー・デリー
005 南デリー
012 アーグラ
013 ファテープル・シークリー
014 バラナシ
015 サールナート
022 カージュラホ
032 アムリトサル

## 【西インド - まちごとインド】

001 はじめてのラジャスタン
002 ジャイプル
003 ジョードプル
004 ジャイサルメール
005 ウダイプル
006 アジメール（プシュカル）
007 ビカネール
008 シェカワティ
011 はじめてのマハラシュトラ
012 ムンバイ
013 プネー
014 アウランガバード
015 エローラ
016 アジャンタ
021 はじめてのグジャラート
022 アーメダバード
023 ヴァドダラー（チャンパネール）

024 ブジ（カッチ地方）

## 【東インド - まちごとインド】

002 コルカタ
012 ブッダガヤ

## 【南インド - まちごとインド】

001 はじめてのタミルナードゥ
002 チェンナイ
003 カーンチプラム
004 マハーバリプラム
005 タンジャヴール
006 クンバコナムとカーヴェリー・デルタ
007 ティルチラパッリ
008 マドゥライ
009 ラーメシュワラム
010 カニャークマリ
021 はじめてのケーララ
022 ティルヴァナンタプラム
023 バックウォーター（コッラム～アラップーザ）
024 コーチ（コーチン）
025 トリシュール

## 【ネパール - まちごとアジア】

001 はじめてのカトマンズ
002 カトマンズ
003 スワヤンブナート

004 パタン
005 バクタプル
006 ポカラ
007 ルンビニ
008 チトワン国立公園

## 【バングラデシュ - まちごとアジア】

001 はじめてのバングラデシュ
002 ダッカ
003 バゲルハット（クルナ）
004 シュンドルボン
005 プティア
006 モハスタン（ボグラ）
007 パハルプール

## 【パキスタン - まちごとアジア】

002 フンザ
003 ギルギット（KKH）
004 ラホール
005 ハラッパ
006 ムルタン

## 【イラン - まちごとアジア】

001 はじめてのイラン
002 テヘラン
003 イスファハン
004 シーラーズ
005 ペルセポリス
006 パサルガダエ（ナグシェ・ロスタム）
007 ヤズド
008 チョガ・ザンビル（アフヴァーズ）
009 タブリーズ

010 アルダビール

## 【北京 - まちごとチャイナ】

001 はじめての北京
002 故宮（天安門広場）
003 胡同と旧皇城
004 天壇と旧崇文区
005 瑠璃廠と旧宣武区
006 王府井と市街東部
007 北京動物園と市街西部
008 頤和園と西山
009 盧溝橋と周口店
010 万里の長城と明十三陵

## 【天津 - まちごとチャイナ】

001 はじめての天津
002 天津市街
003 浜海新区と市街南部
004 薊県と清東陵

## 【上海 - まちごとチャイナ】

001 はじめての上海
002 浦東新区
003 外灘と南京東路
004 淮海路と市街西部
005 虹口と市街北部
006 上海郊外（龍華・七宝・松江・嘉定）
007 水郷地帯（朱家角・周荘・同里・甪直）

## 【河北省 - まちごとチャイナ】

001 はじめての河北省
002 石家荘
003 秦皇島
004 承徳
005 張家口
006 保定
007 邯鄲

## 【江蘇省 - まちごとチャイナ】

001 はじめての江蘇省
002 はじめての蘇州
003 蘇州旧城
004 蘇州郊外と開発区
005 無錫
006 揚州
007 鎮江
008 はじめての南京
009 南京旧城
010 南京紫金山と下関
011 雨花台と南京郊外・開発区
012 徐州

## 【浙江省 - まちごとチャイナ】

001 はじめての浙江省
002 はじめての杭州
003 西湖と山林杭州
004 杭州旧城と開発区
005 紹興
006 はじめての寧波
007 寧波旧城
008 寧波郊外と開発区
009 普陀山
010 天台山
011 温州

## 【福建省 - まちごとチャイナ】

001 はじめての福建省
002 はじめての福州
003 福州旧城
004 福州郊外と開発区
005 武夷山
006 泉州
007 廈門
008 客家土楼

## 【広東省 - まちごとチャイナ】

001 はじめての広東省
002 はじめての広州
003 広州古城
004 天河と広州郊外
005 深圳(深セン)
006 東莞
007 開平(江門)
008 韶関
009 はじめての潮汕
010 潮州
011 汕頭

## 【遼寧省 - まちごとチャイナ】

001 はじめての遼寧省
002 はじめての大連
003 大連市街
004 旅順
005 金州新区

006 はじめての瀋陽
007 瀋陽故宮と旧市街
008 瀋陽駅と市街地
009 北陵と瀋陽郊外
010 撫順

## 【重慶 - まちごとチャイナ】

001 はじめての重慶
002 重慶市街
003 三峡下り（重慶〜宜昌）
004 大足

## 【香港 - まちごとチャイナ】

001 はじめての香港
002 中環と香港島北岸
003 上環と香港島南岸
004 尖沙咀と九龍市街
005 九龍城と九龍郊外
006 新界
007 ランタオ島と島嶼部

## 【マカオ - まちごとチャイナ】

001 はじめてのマカオ
002 セナド広場とマカオ中心部
003 媽閣廟とマカオ半島南部
004 東望洋山とマカオ半島北部
005 新口岸とタイパ・コロアン

## 【Juo-Mujin（電子書籍のみ）】

Juo-Mujin 香港縦横無尽
Juo-Mujin 北京縦横無尽
Juo-Mujin 上海縦横無尽

## 【自力旅游中国 Tabisuru CHINA】

001 バスに揺られて「自力で長城」
002 バスに揺られて「自力で石家荘」
003 バスに揺られて「自力で承徳」
004 船に揺られて「自力で普陀山」
005 バスに揺られて「自力で天台山」
006 バスに揺られて「自力で秦皇島」
007 バスに揺られて「自力で張家口」
008 バスに揺られて「自力で邯鄲」
009 バスに揺られて「自力で保定」
010 バスに揺られて「自力で清東陵」
011 バスに揺られて「自力で潮州」
012 バスに揺られて「自力で汕頭」
013 バスに揺られて「自力で温州」

【車輪はつばさ】
南インドのアイラヴァテシュワラ寺院には建築本体に車輪がついていて寺院に乗った神さまが人びとの想いを運ぶと言います。

・本書はオンデマンド印刷で作成されています。
・本書の内容に関するご意見、お問い合わせは、発行元の
　まちごとパブリッシング info@machigotopub.com までお願いします。

Tabisuru CHINA 008
バスに揺られて「自力で邯鄲」
〜自力旅游中国［モノクロノートブック版］

2017年11月14日　発行

| | |
|---|---|
| 著　者 | 「アジア城市（まち）案内」制作委員会 |
| 発行者 | 赤松　耕次 |
| 発行所 | まちごとパブリッシング株式会社<br>〒181-0013　東京都三鷹市下連雀4-4-36<br>URL http://www.machigotopub.com/ |
| 発売元 | 株式会社デジタルパブリッシングサービス<br>〒162-0812　東京都新宿区西五軒町11-13<br>清水ビル3F |
| 印刷・製本 | 株式会社デジタルパブリッシングサービス<br>URL http://www.d-pub.co.jp/ |

MP178

ISBN978-4-86143-312-2 C0326　　　　Printed in Japan
本書の無断複製複写（コピー）は、著作権法上での例外を除き、禁じられています。